AF355832

LE
SOURD-MUET
DE L'ABBÉ DE L'ÉPÉE

PAR

ACHILLE JUBINAL

DÉPUTÉ DES HAUTES-PYRÉNÉES AU CORPS LÉGISLATIF

DISCOURS LU A LA SÉANCE PUBLIQUE DE L'INSTITUT HISTORIQUE, LE 8 AVRIL 1866

SAINT-GERMAIN

DE L'IMPRIMERIE L. TOINON ET Cⁱᵉ

LE SOURD-MUET

DE L'ABBÉ DE L'ÉPÉE

Tout le monde n'a pas, comme les hommes de notre âge, vu jouer, avec un succès qui semblait devoir être interminable, quelqu'une des nombreuses reprises de la pièce de ce bon M. Bouilly (*l'homme sensible*, comme l'appelaient ses contemporains ; *le larmoyeur*, comme l'appelaient, vers 1825, les *jeunes romantiques*), intitulée : *l'Abbé de L'Épée;* mais il est peu de personnes qui n'en aient entendu parler et dans la mémoire desquelles ne soit resté le souvenir de ce drame, — un peu surfait comme valeur par l'engouement public, — plus encore à cause du célèbre abbé dont il portait le nom, que par suite du mérite de l'œuvre théâtrale elle-même.

Généralement, comme, dans notre société oisive et pourtant si occupée, nul n'a le temps de rien vérifier ni de rien creuser, on croit le sujet du drame mis en scène par M. Bouilly complétement historique, et l'on s'en tient là. L'auteur n'était pas fâché qu'on pensât ainsi. Et qui sait ? Peut-être avait-il lui-même cette croyance!... Néanmoins, il avait été trop curieux des choses de son temps pour n'avoir pas su la vérité; mais d'abord il était un peu crédule et il ajoutait à ce défaut celui dont nous venons de parler : d'être larmoyant et sensible. Enfin, en 1795, quand il donna sa pièce, on avait un peu oublié cette affaire, quoique assez récente, car on ne manquait pas d'autres préoccupations alors ni d'autre besogne. Ancien avocat au parlement, Bouilly pouvait préférer la donnée judiciaire ; mais, auteur dramatique, il aima mieux suivre la légende que l'histoire, et il échafauda son drame sur les récits que l'abbé de L'Épée était parvenu à accréditer assez facilement (en y croyant lui-même, j'aime à le supposer), bien différent en cela de l'abbé Vertot qui en disant : « *Mon siège est fait,* » ne prétendait que se dispenser de le refaire.

Quoi qu'il en soit, laissons de côté la légende que tout le monde connaît et arrivons à l'histoire que, chose très-singulière, l'on sait moins, — qu'on ne sait même pas du tout, — et examinons les pièces de ce singulier procès. En voici l'exposé.

Le 1er août 1773, on trouve, à dix heures du soir, à Cuvilly, près de Péronne, dans l'ancienne province de Picardie, un malheureux enfant de dix à douze ans, étendu par terre, dans la rue, sans autre vêtement qu'un méchant sarreau de toile, mourant de faim, au point qu'il en avait perdu connaissance.

Quelques personnes charitables recueillent cet enfant par pitié, s'aperçoivent qu'il est sourd et muet, l'habillent et le nourrissent pendant quelque temps. Une dame du lieu le prend plus particulièrement sous sa protection et le recommande au lieutenant général de police de Paris, qui le fait entrer à l'hôpital de Bicêtre, le 1er septembre 1773.

Plus de deux ans après, en juin 1775, il est transféré à l'Hôtel-Dieu.

Là, une des religieuses attachées au service de cet hôpital le prend en amitié ; il plaît à la mère Saint-Antoine qui le trouve gentil et spirituel. Elle devine ou croit deviner, par les signes qu'il fait, par certaines scènes auxquelles il se livre, non-seulement qu'il a été exposé et perdu de propos délibéré et à dessein, mais qu'il est né de parents riches, — qu'il y avait des fleurs et des fruits dans le jardin de ses père et mère, lequel ne pouvait manquer d'être un grand jardin.

Un jour, l'enfant prend une feuille de papier et s'en fait un masque ; la bonne religieuse essaie de lui faire comprendre que *c'est offenser Dieu,* et elle comprend elle-même que l'enfant a été perdu *par un homme masqué.* Là-dessus l'imagination de la mère Saint-Antoine prend feu, et elle bâtit tout un monde de conjectures.

C'était le moment où l'abbé de L'Épée, le célèbre instructeur des sourds-muets, était tout entier voué à la tâche qu'il s'était imposée, de les rechercher et de les instruire. Ayant entendu parler de cet enfant, il alla à l'Hôtel-Dieu pour le voir. La mère Saint-Antoine lui présenta son petit protégé, non sans lui faire part de ses conjectures. L'abbé de l'Épée les trouva très-vraisemblables ; il lui sembla qu'il y avait là une ténébreuse affaire de famille, un mystère à éclaircir, peut-être un opprimé à venger, et, prenant de plus en plus à l'enfant un intérêt louable dans son principe,

il résolut de ne rien épargner, ni soins ni démarches, pour arriver à dé-
couvrir au juste l'identité, ou, comme nous dirions aujourd'hui, l'*état civil*
du malheureux enfant.

La réputation de l'abbé de L'Épée était très-grande alors, et il avait le
crédit et les moyens de tout mettre en œuvre.

Sur sa requête, le ministre de la guerre écrivit à toutes les maréchaus-
sées du royaume pour leur demander des renseignements détaillés, et il
en reçut une réponse très-précise, par laquelle on lui faisait savoir que
l'enfant trouvé mourant de faim à Cuvilly, le 1er août 1773, était des
Pays-Bas autrichiens, d'entre Liége et Namur ; qu'il avait été amené par
son frère, âgé de dix-sept ans, jusqu'auprès de Péronne, où celui-ci s'en
était débarrassé, comme d'un fardeau incommode. Ce même frère était
venu néanmoins le réclamer à Cuvilly l'année suivante, en avouant qu'il
l'avait perdu volontairement un an auparavant, parce qu'il n'avait pas le
moyen de subvenir à ses besoins, et que sa famille avait été inquiétée au
sujet de cette disparition. Les renseignements ajoutaient qu'on avait cru
devoir renvoyer ce frère qui paraissait appartenir à des parents misérables
et hors d'état de nourrir leurs enfants, et qu'on lui avait dit que le petit
sourd-muet était à Paris et bien placé.

La lettre du ministre, adressée à l'abbé de L'Épée, et déposée au procès
qui suivit, lui disait qu'*il paraissait convenable de s'en tenir là ;* mais l'abbé
n'y consentit pas, et, poussé par son zèle et sa charité, il continua à pour-
suivre son œuvre.

Par une étrange coïncidence, bien faite pour égarer d'abord ses recherches et leur faire prendre une autre direction, de nouveaux renseignements arrivèrent, qui lui apprirent que, vers la fin de 1773, il avait dis-
paru de Toulouse un enfant de dix à onze ans, sourd-muet, fils du feu
comte de Solar.

Ces renseignements étaient plus flatteurs que les premiers ; ils parurent
à l'abbé de L'Épée plus agréables que ceux-ci, et il s'y attacha. Il trouve
d'ailleurs à l'enfant beaucoup d'intelligence et des dispositions naturelles
qui semblent plus conformes à cette origine qu'à l'autre.

La réputation du petit sourd-muet distingué par l'abbé de L'Épée vint
aux oreilles d'une femme qui avait vu le véritable petit Solar à Paris quelques années auparavant. Elle dit à une autre femme de sa connaissance,
qui avait aussi vu l'enfant à la même époque : *Parbleu ! si c'était le petit
Solar !... il faut y aller voir !...*

Elles y allèrent et elles reconnurent l'enfant pour être le petit Solar.

L'abbé de L'Épée ne doute plus alors de la vérité de sa découverte.

Il en fait part aux ministres (MM. Amelot et Monbarrey) et annonce l'intention où il est de conduire *le petit Solar* dans la ville de Clermont en Beauvoisis, où il était né et d'où il était sorti à l'âge de cinq ans, pour voir s'il y sera reconnu.

La réponse du ministre Amelot fut qu'il avait rendu compte au roi de l'intention où était l'abbé de L'Épée de faire le voyage de Clermont avec son pupille ; que Sa Majesté approuvait cette démarche, et même qu'elle savait gré à l'abbé de L'Épée des motifs qui l'y déterminaient ; qu'elle avait chargé le ministre d'écrire à l'intendant de lui faire donner par son subdélégué toutes les facilités dont il aurait besoin pour les vérifications dont il s'agissait.

M. de Monbarrey écrivit à l'officier de maréchaussée pour protéger la marche de l'instituteur et du pupille.

L'abbé de L'Épée arriva donc à Clermont, en Beauvoisis, précédé de sa réputation, du respect qui entourait ses services et son nom, des bruits que lui-même avait contribué à répandre, des recommandations qu'il avait obtenues des ministres : talents, vertus, autorité, il réunissait ainsi tout ce qu'il y a de plus imposant parmi les hommes. Il y avait de plus dans cette affaire une large pâture pour cet amour du merveilleux qui agit quelquefois sur les meilleurs esprits, même à leur insu.

Le petit sourd-muet est présenté, sous de pareils auspices, à toute la ville de Clermont, comme le fils du comte de Solar. Tout le monde le reconnaît : amis, parents, son grand-père maternel lui-même.

Plus que jamais confirmé dans l'idée qu'il avait retrouvé le rejeton d'une famille noble, sacrifié à quelque sordide intérêt de famille (et il faut convenir que ces reconnaissances devaient accréditer cette opinion), l'abbé de l'Épée ne souffre plus que le moindre doute s'élève contre l'identité de l'enfant ; il veut que tous ses droits sociaux soient reconnus et il le présente partout comme comte de Solar, tantôt dans ses leçons publiques, tantôt dans de grandes maisons où ses paroles étaient écoutées comme paroles d'Évangile, chez le duc de Penthièvre par exemple, dont il obtient tout d'abord une pension pour l'enfant, à la recommandation de son jeune ami le chevalier de Florian, auteur de romans encore inédits. Il fait enfin publier dans le *Journal de Paris*, du 15 octobre 1777, l'*Analyse des preuves qui démontrent que le jeune sourd-muet, son écolier, est véritablement le fils de feu M. le comte de Solar*. Bientôt on expose et l'on vend publiquement le portrait gravé de l'enfant, avec ce nom au bas : JOSEPH, COMTE DE SOLAR. Tout cela est fait avant qu'aucun acte judiciaire ni extra-judiciaire en ait donné le droit à personne.

Toutefois, il fallait pousser plus avant les recherches, il fallait pour-suivre la revendication légale de cet enfant ; en un mot, il fallait enga-ger quelque part et contre quelqu'un un procès en règle. Les preuves acquises jusque-là ne suffisaient évidemment point ; il fallait s'appuyer sur des témoignages plus nombreux, plus directs encore. Le petit Solar avait une jeune sœur. Caroline de Solar reconnut son frère dans le petit Joseph ; car l'habile instituteur avait donné ce nom à son élève, « par l'analogie, disait-il, qu'il y avait entre lui et le Joseph de l'histoire sainte. » On verra que plus tard, au procès, la jeune Caroline de Solar se rétracta et dit qu'elle avait cédé *aux impressions qu'on lui avait données.*

Il y eut encore à Toulouse, à Alby, beaucoup d'autres reconnaissances (balancées, il est vrai, par des *méconnaissances* non moins nombreuses), qui ont fait de cette cause célèbre le pendant de celles de la Pivardière, de Martin Guerre et du Gueux de Vernon.

Mais comment le petit Solar, parti de Toulouse, s'était-il trouvé tout à coup transporté à deux cents lieues de là ? — Pour s'en éclaircir, on fit de plus amples recherches en Languedoc.

On trouva qu'il avait été fait, sous la date du 28 janvier 1774, à Char-las, diocèse de Comminges, un acte mortuaire portant seulement cette désignation : *le comte de Solar.* Il n'y en avait pas d'autres sur le registre déposé au greffe de la sénéchaussée de Toulouse ; mais le double registre demeuré entre les mains du curé de Charlas portait cet ajouté en marge et fait après coup : *un enfant âgé d'environ dix à onze ans, qui était muet, et qu'on appelait... etc.* Cette différence entre les deux registres devient, aux yeux de l'abbé de l'Épée, la preuve d'un crime de suppression d'état. Il restait à trouver le coupable.

L'enfant Solar est parti de Toulouse sous la conduite d'un nommé Cazaux, étudiant en droit, dans l'automne de 1773 ; il a été mené à Char-las, chez les parents de ce jeune homme, où il est mort, et le père de Ca-zaux a signé, comme l'un des témoins, l'extrait mortuaire.

C'est donc Cazaux, à ce qu'on en infère, qui est coupable d'avoir enlevé et perdu le petit Solar ; mais heureusement *la Providence a permis* qu'on le retrouvât à Cuvilly, près de Péronne, à plus de deux cents lieues de Charlas.

Mais comment le petit Solar, parti de Toulouse, ainsi que cela fut con-staté, dans l'automne de 1773, s'était-il trouvé, le 1er août de cette année, transporté et perdu à deux cents lieues de là ? N'importe !...

Le châtelet de Paris, sur les instances de l'abbé de L'Épée, commence par décréter de prise de corps Cazaux fils et *assigne pour être ouïs* Cazaux père, le curé de Charlas et trois autres individus, comme prévenus de complicité de la suppression d'état et de l'exposition de l'enfant Solar.

Cazaux fils est amené de Toulouse à Paris par la maréchaussée, dans une charrette découverte et chargé de chaînes. Il est jeté en arrivant dans un cachot, où il reste vingt-deux jours au secret.

Il est ensuite détenu en prison pendant un an, au bout de quoi il parvient enfin à faire entendre sa défense.

Elle est bien simple.

Il établit et prouve qu'étant clerc, à Toulouse, chez le procureur de la comtesse de Solar, veuve et sans biens, mais ayant quelques affaires, il a eu occasion de rendre des services à cette dame, et de prendre intérêt à sa situation ; qu'allant passer les vacances de 1773 chez son père, à Charlas, et devant aller de là à Bagnères, il informa de ce voyage Mme de Solar, qui le pria de se charger de son fils, parce qu'on lui avait fait espérer que les eaux de Bagnères le guériraient de sa surdité ; qu'il y consentit, et partit de Toulouse publiquement le 4 septembre 1773, à cinq heures du soir, emmenant l'enfant sur son cheval ; qu'il le conduisit à Charlas, puis à Bagnères, où il prit les eaux qui ne le guérirent point, et le ramena ensuite à Charlas, où cet enfant tomba malade de la petite vérole ; que lui, Cazaux, qui ne le quittait pas, prit de lui cette même maladie, dont il fut à toute extrémité ; que l'enfant en mourut dans la même chambre où il était couché ; qu'on l'enterra, tandis que Cazaux était dans son lit, travaillé d'une fièvre qui allait jusqu'au délire ; que personne ne pouvant donner les noms de l'enfant, le curé de Charlas s'était contenté de le désigner par ces mots : *le comte de Solar*.

Le curé déclara que, parcourant son registre quelque temps après, il trouva que cette désignation était trop brève ; elle ne disait, en effet, ni si c'était un garçon, ni si c'était un homme marié, un jeune homme ou un vieillard ; qu'il a cru pouvoir sans inconvénient faire l'addition qu'il s'était permise sur le registre.

Cazaux fut défendu par tout ce qu'il y avait de plus célèbre au barreau : Élie de Beaumont écrivit un mémoire en sa faveur ; Tronçon-Ducoudray prit chaleureusement en main sa cause et la plaida avec éloquence, à tous les degrés de juridiction, devant le parlement. Le châtelet ne mit pas moins de sept ans à juger cette affaire, dans laquelle furent produites des consultations signées des noms les plus honorables, dont quelques-uns ont marqué dans les lettres et dans la politique, et qui tous alors jouissaient du plus grand crédit au barreau.

Parmi les avocats au Parlement qui prirent part à cette œuvre de justice et de réparation, il faut citer Prunget des Boissières, Rouhette, Legouvé, Target, Loyseau, Collet, Hardouin de la Reynerie, Lacretelle, Polverel, Legrand de Laleu, Héron d'Agironne, etc.

Tout en rendant justice au zèle et à l'humanité de l'abbé de L'Épée, les auteurs de ces consultations établissaient péremptoirement, clairement, qu'en toute cette affaire il avait suivi une fausse lumière qui l'avait égaré, et qu'en poursuivant une chimère, il avait causé un préjudice et des maux réels à une honnête famille. On y prouvait, en un mot, ce fait irrécusable, qu'il était impossible d'opposer quoi que ce fût de raisonnable à cet argument décisif dans la cause, et qui seul pouvait dispenser de toute autre preuve, à savoir : que l'enfant trouvé près de Péronne le 1er août 1773 ne pouvait pas être le petit Solar, car cet enfant, parti de Toulouse le 4 septembre 1773, était mort à Charlas le 28 janvier 1774, au su et au vu de toute la ville.

Subsidiairement, on prouva que personne n'aurait eu le moindre intérêt, et Cazaux moins que tout autre, à commettre un crime de suppression d'état dans la personne du petit Solar, attendu que son père n'avait laissé aucun bien, et que sa mère, morte peu de mois après son fils, n'avait elle-même laissé que des créanciers qui avaient fait saisir ses meubles et ses nippes après son décès, *presque sur son cadavre*. On prouva enfin que le petit sourd-muet de l'abbé de L'Épée était le fils de Joseph-Mathieu Pinchon, dit Lamothe, manouvrier au village de Montigny, pays de Liége, à une demi-lieue de Charleroi ; qu'il avait été emmené de chez son père par un de ses frères nommé Alexandre, plus âgé que lui, qui l'avait laissé et perdu volontairement à Cuvilly, au milieu du chemin.

Toute cette procédure, comme nous l'avons dit plus haut, se continua durant sept ans. Enfin, le châtelet, par sa sentence définitive (quoique pouvant être frappée d'appel) du 28 juin 1781, décharge Cazaux et les autres accusés de toute accusation ; fait injonction au curé de Charlas d'être plus exact dans la tenue de ses registres de baptême, décès et mariages de sa paroisse ; — mais, le croira-t-on ? en même temps, cédant à l'opinion ou plutôt à la prévention publique formée depuis longtemps sur quelques vraisemblances des premiers incidents de l'affaire, et soigneusement entretenue par les amis de la légende qu'avait accréditée l'abbé de L'Épée, le châtelet déclare que Joseph est le fils du feu comte de Solar, — l'autorise à en porter les noms et armes, — et ordonne que l'énonciation de sa mort sur le registre de la paroisse de Charlas sera rayée comme fausse.

Il était difficile de rendre une sentence moins satisfaisante pour la raison et la logique humaines.

Cazaux et Mlle Caroline de Solar interjetèrent appel de cette sentence, et le procès était encore pendant au parlement de Paris lors de la révolution.

Telle était la lenteur avec laquelle toutes choses, et particulièrement les procès, marchaient dans l'ancien régime. On va un peu plus vite, aujourd'hui, quoiqu'il soit encore permis de dire que la vapeur n'a rien de commun avec la justice.

Ce procès fut enfin jugé en dernier ressort par le second des six tribunaux criminels établis à Paris au mois de mars 1791. Le jugement définitif, et cette fois bien en dernier ressort, est du 24 juillet 1792. Il fut rendu sur un long et excellent rapport, plein de méthode, de clarté et de force, dont la lecture, suivie de celles des pièces à l'appui, commencée le 5 juin 1792, remplit plusieurs audiences.

En voici les motifs ; ils contiennent l'historique de toute cette affaire, et réduisent à néant, par la force seule de la vérité, la légende mise depuis au théâtre par l'habile auteur de *Fanchon la Vielleuse* :

« Considérant, au fond, qu'il est clairement établi au procès que l'individu sourd et muet, connu sous le nom de Joseph, a été trouvé sur la grande route de Péronne à Paris, au village de Cuvilly, en Picardie, le 1er août 1773 ;

» Qu'à cette époque, il fut recueilli par le sieur Leroux, receveur des aides à Cuvilly, et par la dame son épouse, chez lesquels il est resté jusqu'au 2 septembre suivant ;

» Que, le 2 de ce mois, il est entré, par ordre du sieur de Sartine, dans la maison de Bicêtre, à Paris, où il a résidé, tant dans cette maison qu'en celle de l'Hôtel-Dieu, plus de vingt mois consécutifs ;

» Qu'au contraire, Guillaume-Jean-Joseph, aussi sourd et muet, seul fils, né à Clermont en Beauvoisis, du mariage des sieur et dame Solar, le 1er novembre 1762, ayant quitté le séjour de la Granerie, près Alby, a habité la ville de Toulouse avec sa mère et Caroline, sa sœur, jusqu'au commencement de septembre 1773 ;

» Que, dans les premiers jours de ce mois, sa mère le confia au sieur Cazaux pour le conduire à Charlas, et de là aux eaux de Bagnères, où il a été vu dans le cours dudit mois, comme à Charlas les mois suivants, et positivement reconnu par les personnes qui l'avaient vu à Toulouse immédiatement auparavant ;

» Qu'après le voyage de Bagnères et le retour de cet enfant à Charlas, chez le sieur Cazaux père, dans la maison duquel il a habité assez longtemps, toujours connu sous le nom de Solar, il a été attaqué de la petite vérole à la fin de l'année 1773, est mort des suites de cette maladie, le 28 janvier suivant, et a été inhumé le lendemain 29 dans le cimetière de la paroisse de Charlas, sous la dénomination seulement de *fils du comte de Solar*, parce qu'aucune des personnes présentes ne connaissait ses noms de baptême ;

» Qu'ainsi, ce n'est que par une funeste erreur qu'en élevant des doutes sur la mort de cet enfant, on a présumé que l'individu Joseph pouvait être Guillaume, fils des sieur et dame Solar, et que le sieur Cazaux a été accusé d'exposition et suppression d'état de cet enfant ; et, par suite de la même erreur, que les premiers juges, en déchargeant le sieur Cazaux d'accusation, ont néanmoins donné à Joseph une qualité que l'évidence des preuves lui refuse ;

» Considérant, sur les autres accusations, que, par rapport au sieur Durban, curé de Charlas, on ne voit que des omissions et négligences, sans dessein criminel, dans la rédaction de l'acte mortuaire de Guillaume, fils Solar, et que, dès lors, il doit être déchargé d'accusation, en lui enjoignant de se conformer aux lois existantes sur la tenue des registres de baptêmes, mariages et sépultures ;

» Déclare que l'enfant sourd et muet, mort des suites de la petite vérole, chez le sieur Cazaux père, à Charlas, le 28 janvier 1774, et inhumé le lendemain dans le cimetière de la paroisse dudit lieu, était véritablement Guillaume-Jean-Joseph, sourd et muet, fils unique de Vincent-Joseph de la Fontaine-Solar et de Jeanne-Pauline-Antoinette Clignet, son épouse, lequel était né à Clermont le 1er novembre 1762 :

» En conséquence, ordonne qu'énonciation des noms dudit enfant et de ses père et mère, et que mention par extrait du présent jugement, seront faites par le greffier du tribunal sur le registre joint au procès, lequel registre sera remis ensuite dans les archives de la paroisse de Charlas, et, en outre, sur le double registre étant au greffe de la sénéchaussée de Toulouse, par le greffier dépositaire actuel ;

» Décharge Caroline Solar de l'accusation contre elle intentée ;

» Fait défense à l'individu nommé *Joseph* de se dire et qualifier fils des sieur et dame Solar, et de prendre les noms et exercer les droits et actions appartenant à cette famille ;

» Décharge pareillement Jean-Marie Cadours et Jean-Baptiste-François Durban, curé de Charlas, d'accusation ; et cependant enjoint audit Durban de se conformer aux lois existantes sur la tenue des registres de baptêmes, mariages et sépultures de sa paroisse. »

Tel fut le jugement définitif et fortement motivé de cette affaire qui avait tenu l'opinion publique en haleine pendant près de vingt ans, et sur laquelle cependant la légende, soutenue par le prestige inhérent à la personne et aux travaux de l'abbé de L'Épée, a presque prévalu.

Il résulte de cet arrêt qu'il n'y a rien de moins historique que toute la fabulation du drame de M. Bouilly, représenté comme *fait historique*, et qui, à ce titre, avec *les Victimes cloîtrées* et autres pièces semblables, arracha tant de larmes à nos pères. Aussi ferait-on aisément un volume de toutes les faussetés du même genre accréditées par le théâtre et le roman à propos des personnages célèbres !

Tronçon-Ducoudray, qui avait plaidé avec une conviction éloquente la cause du malheureux Cazaux, ne dissimulait point, dans la conversation, l'indignation profonde que lui causaient les vexations injustement éprouvées par Cazaux, et dont l'abbé de L'Épée avait été involontairement le premier moteur. Héron d'Agirone, ami et commensal de Tronçon-Ducoudray, qui a longtemps exercé au barreau de Rouen, et qui plaida pour l'un des accusés, ne qualifiait pas moins vivement la sévérité qu'on avait mise dans toute cette affaire, et il s'indignait volontiers du change donné à l'opinion publique par la pièce du bon M. Bouilly, où la vérité est travestie d'un bout à l'autre en l'honneur de son héros.

Telles furent les différentes phases de cette histoire. Elles font honneur à la sensibilité et au cœur de l'abbé de L'Épée, ce second saint Vincent de Paul de la charité chrétienne, mais non à sa perspicacité. Est-ce un blâme que j'entends, en m'exprimant ainsi et en rapportant ce bizarre procès, déverser sur le persévérant apôtre de l'humanité ? — Non ; — j'ai voulu seulement vous montrer, Messieurs, par un récit très-rapide d'une cause curieuse et pleine de péripéties, l'incertitude des jugements humains ! Quant à l'abbé de L'Épée, ses travaux multipliés et constants, le zèle qui les lui fit entreprendre, le succès qui les couronna, son dévouement absolu aux pauvres disgraciés de la nature dont il avait fait à la fois ses amis et ses élèves, — à ce point qu'il se dépouillait pour eux même de ses vêtements, — tout lui assure notre respect et la reconnaissance de la postérité. Louons-le donc de son ardeur au bien, tout en blâmant ce qu'elle peut avoir eu d'excessif ; car c'est le propre des grandes âmes de se laisser facilement enthousiasmer par ce qui leur paraît être la vérité.

www.ingramcontent.com/pod-product-compliance
Lightning Source LLC
LaVergne TN
LVHW011927170726
843501LV00011BA/4266